MÉMOIRE

ADRESSÉ A CHARLES IX ET A CATHERINE DE MÉDICIS, SUR LA NÉCESSITÉ DE METTRE UN TERME A LA GUERRE CIVILE.

NOTICE PRÉLIMINAIRE.

Ce mémoire, ou discours, est un des écrits les plus remarquables de Michel l'Hospital : c'est l'ouvrage d'un excellent citoyen et d'un grand homme d'état. Il le composa suivant Lhomel, après sa retraite à Vignay, et après avoir remis les sceaux à Brulart, secrétaire de Catherine de Médicis, qui fut chargé de cette mission de la part de cette princesse et de Charles IX, son fils. (Voyez, premier volume, page 257 et suivantes.)

Le manuscrit que possédait M. de Mesmes, et qui est déposé à la bibliothèque du roi, indique au contraire la date de 1570. D'après cette version, ce serait à l'époque où Morvilliers, successeur immédiat de l'Hospital, aurait remis les sceaux à Birague.

L'Hospital obtint ses lettres de décharge le 6 février de la même année 1568, enregistrées au parlement le 11 mai suivant. Ces lettres portaient réserve des titres, honneurs et émoluments de chancelier, sa vie durant.

Rentré dans le rang de simple citoyen, l'Hospital,

convaincu qu'il avait encore des devoirs à remplir envers sa patrie, qu'il lui devait encore le tribut de ses talents, de ses lumières, et de sa vie même, employa les loisirs de sa retraite à la rédaction de ce mémoire.

Toute la France conservait encore l'espoir de le revoir à la tête de la magistrature, dont il avait été le chef et le modèle pendant huit années, toujours environné de dangers et d'obstacles sans cesse renaissants.

Il ne s'occupe point de lui-même, il n'appelle point le blâme sur ceux qui avaient provoqué sa retraite : lui seul oubliait qu'elle était une véritable calamité publique. Il ne parle du nouveau ministère que pour faire des vœux pour ses succès : l'intérêt de la France occupe seul sa pensée; et cependant il savait mieux que personne quels étaient les projets du conseil du roi, que son éloignement livrait sans contradiction à l'ambition turbulente des princes lorrains.

Ils venaient de faire admettre dans le conseil Birague, leur créature, qu'ils destinaient pour successeur de l'Hospital; mais ils n'osèrent pas d'abord lui confier immédiatement les sceaux, et les firent donner à Jean de Morvilliers, évêque d'Orléans, oncle de l'Aubespine et ami de l'Hospital. Morvilliers n'accepta que dans l'espoir de les rendre à son ami. Il ne se considérait en exercice que par *interim*. Il ne voulut jamais prendre de provision en titre, ni même de commission; et Birague, qui lui succéda, ne prit, lui-même, le titre de chancelier qu'après la mort de l'Hospital.

Moins modeste, l'Hospital, rendu à la vie privée, aurait pu se considérer encore comme premier magistrat : son mémoire ne permet pas même de soupçonner qu'il ait conçu la moindre idée de cette prétention.

Ce mémoire fut rendu public, et produisit la plus vive sensation, même dans les cours étrangères. C'est un fait attesté par les historiens du temps et les principaux écrivains de toutes les opinions ; et cependant aucun d'eux ne nous a conservé le texte.

Il avait été imprimé, depuis, dans le recueil intitulé : *Recueil de divers Mémoires et Harangues*, etc., *servant à l'histoire de nostre temps*, publié en 1623, chez Pierre Chevalier.

Ce recueil est devenu extrêmement rare : le catalogue des manuscrits de la bibliothèque Séguier en indiquait deux copies. Il n'en existe plus qu'une seule, que possède la Bibliothèque du Roi, et qui provient de la collection du président de Mesmes, ami particulier de l'Hospital, et qui a servi de texte à cette édition.

Nul doute que la note placée à la fin de ce manuscrit ne soit du président lui-même : il affirme que cette copie a été faite sur l'original, écrit de la main de l'Hospital.

Il paraît que le texte publié dans le recueil de Pierre Chevalier a été imprimé sur les exemplaires publiés dans le temps même où l'auteur le fit remettre au roi et à la reine-mère ; mais ces exemplaires étaient fort incomplets et fort inexacts.

J'ai collationné le texte du recueil de Pierre Chevalier avec le manuscrit que possédait le président de Mesmes, et je me suis convaincu qu'il méritait la pré-

férence ; et la note qui le termine lui imprime un ca-
ractère d'authenticité.

J'ai suivi, avec la plus scrupuleuse exactitude, le manuscrit unique qui existe. J'ai fait d'inutiles recherches
pour découvrir l'original. Une correspondance active
avec les descendants de l'Hospital et le propriétaire ac-
tuel de Vignay, m'a confirmé que presque tous les
manuscrits de l'illustre chancelier ont été brûlés dans
le château de Baugé.

M. de Bisemont les avait trouvés dans le château
de Vignay, lorsqu'il vint en prendre possession. Il
l'avait acheté des descendants de l'Hospital ; il avait
considéré ces manuscrits comme un bien de famille
dont il ne lui était pas permis de disposer, et il n'a conservé que les titres relatifs à la propriété du château
de Vignay et de ses dépendances, quoique tous les
objets mobiliers aient été compris dans son contrat
d'acquisition, parmi lesquels se trouve le contrat d'a-
chat de ce domaine par Michel l'Hospital.

Le Mémoire, ou discours qui suit, cite des faits et
des personnes qui sont éloignés de nos souvenirs. J'ai
cru devoir, dans des notes concises et peu nombreuses,
rappeler les circonstances nécessaires à l'éclaircisse-
ment du texte, que j'ai conservé dans toute sa pureté
originaire.

Le texte publié dans le recueil de Lhomel, chez
Pierre Chevalier, en 1623, tiendra lieu de variantes :
j'ai déja fait remarquer qu'il différait quant au titre et
à la date, et dans quelques passages importans.

LE BUT

DE LA GUERRE ET DE LA PAIX,

OU DISCOURS DU CHANCELIER L'HOSPITAL POUR EXHORTER CHARLES IX A DONNER LA PAIX A SES SUBJECTS, 1570.

(Manuscrit de 47 pages in-folio. Dépôt de Mesm. Biblioth. du Roy.)

LE but de la guerre c'est la paix, laquelle s'acquiert ou par composition, ou par pleine et entière victoire. La voye de composition semble mal seure pour la deffiance réciproque, pour les mutuelles haines et injures, et pour la subsistance de deux religions diverses, et de certaines maisons aheurtées en discorde. D'ailleurs elle semble peu honorable à ceste glorieuse et triomphante couronne, joinct que les moyens sont si perplex qu'on n'y peult voir chef ny queue, lumière ny adresse.

La victoire, comme toutes aultres choses qui sont hors nostre pouvoir et en la seule main de Dieu, ne peult estre que doubteuse; le passé nous enseigne combien elle est difficile, et les exemples des aultres estatz combien elle est périlleuse et incertaine.

Le roy a plus d'hommes, vray; mais il se
trouve deux foiz plus de batailles gaignées par
le moindre nombre que par le plus grand, dont
tous princes et peuples ont judgé et recognen
les victoires estre données du ciel.

La cause du roy est plus juste, je le crois;
mais Dieu se sert de telz instrumens et occasions qu'il luy plaist pour punir nos iniquitez;
il s'est jadis servy des Babyloniens pour mat-
ter son peuple, et naguères des Turcs et sem-
blables.

Or, nous ne pouvons nier, ne desguiser que
justement son ire ne soit allumée contre nous;
il y a doncques apparence que ces genz icy,
quelque meschantz que nous les estimions,
soyent fléaux de sa vengeance, et, de faict, nous
veoyons que toutes choses jusques icy ont suc-
cédé fort à propoz contre espérance et discours
des hommes : ilz ont peu de finances, je l'ac-
corde; mais ilz la mesnagent bien, qu'en le prin-
cipal nous en avons plus qu'eulx, voire, mais
mal mesnagée comme elle est, moins; nous
avons aussy plus de moyenz qu'eulx d'en recouvrer, soit; mais estant plus négligeans qu'eulx
en nos affaires, moins; car la nécessité leur en
ouvre tousjours pour en recouvrer aussy.

Tous ceulx qui tiennent leur party engageront

jusques à leurs chemises pour conserver avec eulx la vie et la liberté, estant vivement persuadez qu'il y va de cela, que nous les voulons despouiller de l'ung et de l'aultre.

D'ailleurs, il y̆ de puissans princes et peuples estrangiers qui estiment ceste cause leur appartenir, et ne leur ont cy-devant failly, moins à ceste heure qu'ilz sont liguez, et participent ouvertement à leurs entreprinses (1).

Ce ne sont pas genz ramassez, comme on a mis en avant depuis peu de jours, esmeuz et souslevez par imprudence, sans ordre, sans chef et sans discipline; ce sont genz aguerriz, résoleuz, réduicts au désespoir; et pourtant se tenant collez et conjoinctz ensemble, sans endurer qu'on les désunisse par moyens et artifices quelconques. Comme de ceste liaison et union despen-

----

(1) Le roi, ou plutôt les Guises, appelèrent au secours de la ligue catholique le roi d'Espagne, les princes d'Italie et les Suisses. Les protestants, à leur tour, eurent pour auxiliaires les princes protestants d'Allemagne et les Anglais. C'est à cette double intervention des étrangers qu'il faut attribuer la durée de nos guerres de religion, qui se sont perpétuées pendant quatre règnes. L'événement a prouvé que le but du roi d'Espagne était de s'emparer du trône de France au préjudice de sa dynastie, qu'il n'avait paru défendre que pour la renverser plus sûrement.

dent la seureté et repoz de leurs vies, maisons, femmes, enfants, honneurs et estatz, se tiennent fermes en une résolution de mourir tous ensemble, plustost de subir le joug et la domination de leurs ennemys.

La nécessité et le désespoir les rend dociles et disciplinables à merveille, avec la bonne opinion qu'ilz ont conçeue de leurs chefs, desquelz l'ambition est reteneue, et l'union estroictement conservée par la mesme nécessité que les anciens ont appelée lien de concorde.

Au contraire, le camp du roy en querelles, jalousies et mutations, l'ambition y est desbordée, l'avarice y domine, chascung y veult tenir rang; la discipline corrompeue, et la licence desmesurée; les volontez mal unies, et la contention, mère de désunion, y règne de façon que l'ung veult de l'ung, l'aultre veult de l'aultre; l'ung tire d'ung costé, l'aultre de l'aultre; l'ung veult la paix et la desire, l'aultre n'en veult point et l'abhorre.

Ceulx qui ont leurs enfans, frères et parens de l'aultre bande et embarquez au party contraire (le nombre desquelz n'est pas petit), ne marchent en ceste guerre qu'à regret; aultres y sont par acquict, aultres pour le gain, pensant mieulx faire leurs besoignes que de l'aultre costé.

Plusieurs y vont avecque scrupule de conscience, ayant la religion au cœur, contre laquelle on veult qu'ilz combattent. Les soldatz en général n'y sont que pour butiner, brigander; brief, ce camp est composé de pieces rapportées, ce qui est et sera chose commune. Déja on en veolt des commencemens de faire retirer et desbander les soldatz par mescontentement, soupçons et imaginations estrangières, joinct que l'inquiétude et l'impatience est naturelle au François, qui ne peult demeurer long-temps inutile en la campaigne, si elle n'est vivement réprimée par les barres que nous avons dict retenir nos ennemys.

Voire, mais direz-vous, le roy se servyra des estrangiers, desquelz, en les bien payant, il retirera le service qu'il vouldra contre les ennemys, en disposera à sa volonté, de mescontentement et murmure. Ce sont bayes (1) que tout cela. Ceulx qui cognoissent les François et estrangiers ne gousteront jamais ce discours; car la bourse du roy ne pourroit fournir seulement à la solde des estrangiers, estant les finances ja espuisées, et n'ayant moyens prompts d'en recouvrer d'ailleurs. Or, en matière d'estrangiers, vous n'avez plus de valets. Quant au naturel fran-

---

(1) Vieux mot emprunté de l'italien *baja*, bagatelle, badinerie. (Voyez le *Dict. étymol.* de Ménage, verbo *bayes.*

çois, il a déja desperdeu, *fust et lie*, comme on le dict, qui est le piz que j'y veoye, et quand on contentera l'estrangier, laissant derrière le naturel françois, que luy restera-t-il? que la pauvreté, le mespris, l'envie, la jalousie et le mescontentement de se voir postposé pour récompense de ses bons services, à des Espagnols, Italiens, Suisses et Allemands, lesquelz l'auroient pillé peult estre les premiers et bruslez ses maisons.

Il ne fault pas doubter que, pour le mieulx, il ne se retire s'il ne faict piz, et que l'estrangier, abandonné du François, nous soit inutile, n'estant pas possible de l'amener au combat, si le François ne luy faict le chemin; en oultre la nécessité, de façon qu'en toute sorte, le roy ne peult estre bien servy.

Il y a plus, car, quand tout ce qui est dict n'adviendroit poinct, la force de l'estrangier ne laisse pas d'estre une fresle asseurance : le pays premièrement leur est incogneu, qui n'est pas ung petit désadvantage. Le Suisse ne vault qu'à se se défendre, l'Italien qu'à faire la mine, le Bourguignon est en petit nombre, l'Allemand nous doibt estre suspect pour la diversité de leur religion, et que aussy estant mercenaire, et trouvant plus à butiner sur nous que sur l'ennemy, dès le lendemain il tournera sa robbe et nous quittera là; que si d'adventure ils se laissoient praticquer (qui n'est chose qui ne puisse advenir), ce seroit faict de nous et de nostre armée.

D'ailleurs le Suisse est malade et rompeu, et coustumièrement ne peult vivre six mois en campaigne pour la vilainie et saleté qui lui est naturelle; de façon qu'il est à craindre que la peste ja allumée entre eulx, à ce qu'on dict, n'infecte l'armée, et avecque la disette des vivres, n'escarte nos forces sitost que la chaleur commencera à prendre.

Voire, mais on purgera le pays à jamais par une bataille. Cela seroit très bon s'ilz y mouroient touz; mais c'est plustost souhaiter que discourir; nous ne sommes plus au temps qu'on assignoit jour et champ de bataille pour combattre obstinément jusques à la ruyne et desconfiture de l'ung ou de l'aultre. Nos capitaines d'aujourd'huy sont aussi ingénieux et soigneux de pourvoir à leur retraicte, que les anciens estoient à vaillamment combattre. Et à vray dire, on n'a faict jusques aujourd'huy que marchander au combat.

La perte de trois, quatre, cinq et six mille hommes, les affoiblira : ouy, mais elle ne les effacera pas; pourtant elle enflammera leur fureur, rendra leur discipline plus exacte, et fera au contraire qu'ilz prendront plus garde à tout qu'ilz ne faisoient auparavant : toutes choses seront en discorde de la part du vaincqueur, estant l'insolence coustumière compaigne de la victoire. Ils ont villes pour se rafraischir, rassembler et recognoistre, et nous nuire à couvert : brief, ce sera à recommencer.

Hannibal et infiniz aultres ont esprouvé que le gain de plusieurs batailles est ung gaige mal asseuré de la victoire totale.

Quant aux princes et peuples que nous lisons avoir esté rayez en une journée, c'estoient genz sans discipline ou lasches de couraige, sans ressource, et nullement aguerriz : et qu'ainsy ne soient ces vieulx transmontans Gaulois, et les Liguriens ont esté défaicts en cinquante batailles, sans avoir jamais peu estre exterminez. Nous avons les Liégeois et Flamands à nos portes, qui ont esté, plus souvent que tous les ans, domptez, et encore de fraische mémoire, et toutesfois ne laissant relever leurs crestes.

Mais après une bataille on les rangera aux conditions qu'on demande, ou après plusieurs défaictes on en aura bon marché.

Pour le regard des conditions, je n'en diray aultre chose sinon tout ce que le monde en sçait, c'est qu'ilz choisissent plustost la mort, comme ilz ont tousjours faict, que la servitude de leur conscience, d'aultant qu'ilz sont persuadez que de la liberté d'ycelle despend le repoz entier et conservation d'eulx et de leurs maisons. La chose en est veneue de les desfaire tous; je n'en veois poinct de moyen, et quand il y en auroit, ce que je ne pensc pas, ce seroit avecque une telle peine, perte et longueur, qu'il fauldra, devant que d'achever ceste besoigne, remplir nostre pauvre pays de feu, de sang, de meurtre, de peste, de famine, et de laisser enfin notre pauvre France aussi déserte et désolée à ung cruel estrangier qui occuperoit le nid à vuide.

La pauvre Champaigne est déja tellement ruynée, et si misérablement déserte, qu'on y veoit le pauvre peuple mourir de malrage, de faim.

Car cest embrasement est universel, et a déja gaigné beaucoup de pays en la France; et toutesfois toutes ces calamités, encore qu'elles soient grandes, ne sont que coup d'essay au regard de ce qui adviendra, si sans espoir de paix les cœurs s'embrasent du tout en fureur, car ce n'est encore que le premier acte de la tragédie.

Dadvantage, les grands deniers qu'on a transportez et transporte on journellement hors du royaulme si couvertement que personne ne s'en doubte, et toutesfois chascung le sçait et le veoit, nous espuiseront bientost d'argent, avecque ce que le courz des foires et de la marchandise, avecque la vente de nos fruicts, qui sont les thrésors du royaulme, sont empeschez.

J'espère enfin qu'on en vienne à bout : les enfans et leurs successeurs seront espargnez pour leur innocence; car il n'est pas à présupposer qu'on lie l'enfant du berceau avecque le père, et l'innocent avecque le coupable. Or, n'a on jamais veu une grande conjuration telle qu'est celle-cy, esteinte ou resprimée à force d'armes, que les cendres des morts ou des bannis n'ayent soudain allumé ung plus grand feu, qui fera que le désir de vengeance et du recouvrement de leurs biens usurpez et ravis iniquement, comme ilz prestendrout, les fera rallier et reprendre nouvelle intelligence pour dresser une nouvelle guerre, tellement qu'au lieu d'ensevelir ceste dissension civile des hommes, qu'on l'a nourrie, et qu'on a forgé une hydre espouvantable en une petite faction?

Cela ne seroit pas à craindre, car le chef abatteu, tout le reste est fort; mais icy la perte de plusieurs chefs ne leur peult faire perdre le couraige, car ilz en ont trop, et des meilleurs et plus vaillans de l'Europe, joinct qu'ilz ont assez d'entendement pour choisir des deux extrémitez la moins périlleuse. C'est de tenter le dernier sort plustost que de se rendre à la mercy de leurs ennemys, qu'ilz estiment piz que mortelz.

Doncques la longueur de la guerre ne peult remplir que de ravages et massacres cette pauvre France, la rendre farouche et sauvage, sans pitié, humanité, révérence ou respect aulcung, et accroistre, irriter, et appesantir de plus en plus l'ire de Dieu sur ycelle.

Mais si, au rebours, ces genz-cy venoient à gaigner la bataille, il en seroit bien aultrement; car la perdant, ilz seroient en danger d'estre abandonnez de leurs associez, d'aultant que la cause, le péril, le faict et l'isseue leur est commune, et qu'estant embarquez tous en ung mesme vaisseau, ilz courent pareille fortune, qui est la cause pourquoy aussy ilz ne peuvent estre pratiquez, et leurs ennemys ne sçauroient croistre; mais, au contraire, le roy a plusieurs alliez et serviteurs qui luy tourneront le doz, si mal battoit, à sçavoir, tous ceulx qui ne suyvent son party que comme du plus fort et redoubtant sa puissance, la mesme raison, qui les meust aujourd'hui à le suyvre, les inciteroit le lendemain à l'abandonner et se ranger du party le plus fort : tesmoings les alliez du duc de Bourgogne, qui tous en ung jour l'abandonnèrent, après la première journée qu'il perdit contre les Suisses.

Ung nombre infiny de ceulx de la religion, qui

pour se saulver seulement et mettre à couvert du danger, suivyrent l'armée du roy, tournèrent soubdain leur robbe, et ne fault pas penser que ceste perte fust petite; car qui vouldra regarder de près, on trouvera que la tierce partye de l'armée est de la religion des adversaires, et qu'ilz ne demandoient que cela pour se reconcilier avecque leurs compaignons : quant aux estrangiers, ilz prendroient party, le reste se consoleroit, comme il advient ordinairement en toutes guerres civiles.

Dieu ne me fasse pas tant vivre que je veoie ceste désolation; car je verray ce que j'ay tousjours crainct le plus, la ruyne de mon pays et la perte de l'estat de mon roy; et quelque doulx langaige que tiennent aujourd'huy nos adversaires, je ne sçais à quoy l'insolence d'une victoire pousseroit ceulx mesmes qui, en leurs misères, sont eslevez et rempliz de courage, et pour ne flatter poinct ceste chose, que mal volontiers et mal seurement on faict, de se rassujettir à celuy qu'on a vaincu.

Voire, mais on me dira que le roy ne donnera bataille qu'il n'en tienne la victoire au poing ou au collet. Je vous diray, les hommes discourent, et comme on dict communément, l'homme propose et Dieu dispose.

Premièrement, une légère occasion, une petite

faulte, ung rien peult faire perdre une bataille ; de sorte que les anciens, qui estoient sans comparaison mieulx disciplinez que nous ne sommes, l'appeloient le hazard et la puissance de fortune.

Après, il advient souvent que la multitude d'hommes dont nous faisons estat en une bataille, engendre confusion, le mespriz de la discipline. Ce mespriz et contemnement de son ennemy, qui, estant tousjours vigilant et forcené par la nécessité, n'espérant rien que du désespoir, quelques petites forces qu'il ayt, passe par-dessus les grandes, et se faict faire voye partout armé de cest effort invincible, qui est le désespoir que Tibère avoit accoustumé d'appeler le dernier metz.

De ce dernier metz feut sevré le bon roy Jehan devant Poictiers, lorsque sa grande et puissante armée feut défaicte par une bien petite troupe, réduicte au désespoir, et de fraische mémoire, celle du roy François devant Pavie.

Davantaige jamais ilz ne joindront qu'ilz ne soient esgaulx en forces ou à peu près ; de les y forcer vous ne pouvez, à cause des villes, postes, ports et rivières qu'ilz tiennent.

Mais il y a ung inconvénient plus secret et pernicieux que tout cela, que la longueur de ceste misérable guerre ; comme elle ne peult estre qu'extresmement longue pour les raisons desduictes cy-dessus, infaill'iblement nous amènera.

C'est le mespriz et contemnement de l'authorité du roy, des loyx et de la justice, dont on commençoit à gouster la doulceur; d'une faulte, ou plustost licence ou abandon à tous malheurs, à mal parler et de dégouster du gouvernement de l'estat, et en général à tout ce qui éloigne le subject de son debvoir.

De sorte que si ceste guerre contineue, ny nous, ny nos enfans, ny ceulx qui naistront d'eulx, ne sçauroient veoir les cœurs amollis pour reprendre le joug d'obéyssance. Je parle autant des ungs comme des aultres; car l'effet de l'accoustumance en toutes choses est si puissant qu'il surmonte nature, mais principalement au vice de licence, qui est ung gouffre auquel il est aisé de se précipiter, mais impossible de s'en retirer.

C'est pourquoy ce saige Romain disoit que les plus meschans et détestables forfaicts se rendoient familiers par l'accoustumance; de façon qu'on peult dire que la continuation de ceste misérable guerre n'apportera aultre chose qu'ung plan de monstres barbares, pestilents et détestables, dont à la fin nostre pauvre France sera toute peuplée.

Oultre ce, la réputation du roy ne peult estre que fort intéressée à l'endroict de l'estrangier, s'il veoit qu'il ne puisse ranger ses subjects à la raison que par une extresme longueur de guerre, et par la ruyne entiére et dégast de son royaulme.

Il y a encore une aultre secrète peste, c'est que la corruption de nos mœurs est déja si grande, et le desbordement de la noblesse françoise si grand, que beaucoup de seigneurs et de capitaines qui tiennent le party du roy, contrevenant ouvertement au serment de fidélité qu'ilz luy ont faict, d'exposer leurs vies et biens pour son servyce, comme tenant leurs terres de luy à ceste charge et condition, dient et se vantent tout hault qu'au cas que leurs servyces ne soient recogneus comme ilz méritent, qu'ilz sçavent bien se retirer, maugréent et despitent, s'ilz ne sont salariez à leur fantaisie.

Ce qui monstre qu'ilz servent à leur ambition et avarice, et non pas à leur prince, et est l'oultre cuydance des hommes de ce temps si grande, que jusques aux plus petits qui portent les armes dans ung poulaillier, chascung se vante d'avoir mainteneu la couronne du roy.

Quant aux courtisans, qui debvroient estre plus modérez et advisez que les aultres, ilz ne rougissent d'usurper les plus braves et magnifiques titres dont ilz se peuvent adviser, ne pouvant celer la maladie de leur esprit.

Et quant aux grands seigneurs, ils font retentir et trompetter si hault leurs servyces, que ceulx qui l'entendent estiment que le roy leur doibve beaucoup de retour, et le peuple, sot et ignorant, que sans eulx le roy et le royaulme ne fussent plus.

Ce qui est d'ung très mauvais augure; car à la fin et l'estrangier et le François auront esté protecteurs de la couronne, le roy ne la tiendra que d'eulx, et sera enfin le valet de l'ung et de l'aultre, et aura assez à faire de les remercier. Enfin, en la despouillant, ilz contraindront sa majesté de les honorer de ses plus exquiz ornemens. Lesquelz ilz prendront pour tribut et hommaige de la couronne, ainsy que faisoient les roys d'Angleterre, les pensions.

Que seroit-ce donc, je vous prie, si par leur moyen le roy avoit obteneu une pleine victoire, puisque ces genz, n'ayant faict encore aultre chose que ruyner son peuple, entonnent si hault leurs gestes et servyces?

C'est l'ung des plus grands maulx qui puisse arriver à ung prince de se rendre fort obligé à une ou plusieurs despenses, qu'il semble tenir d'eulx en partye son estat. Et toutesfois on en est sur ses termes; voire bien avant, car on ne discourt et ne trompette on pour cejourd'huy aultre chose.

On élève et on agrandit certains hommes, auxquelz on donne authorité envers le peuple mou et brut, envers les estrangiers, et licence envers leur prince; chose très périlleuse à ung estat, et la vraye pespinière des factions et guerres civiles de France, et mesme attendeu l'aage du roy et de messeigneurs ses freres. Quel ordre donc? A la vérité nous sommes bien malades, puisque la guerre ny la paix ne nous est propre, et que nous ne pouvons porter ne le mal, ne le reméde.

Plusieurs sont de cest adviz, que, puisque le roy est ordonné pour faire la justice, maintenir les bons et punir les meschans, et qu'à ceste fin il est armé de l'authorité soubveraine, qui ne peult ny ne doibt faillir suivant sa vocation, et punir justement par le glaive ceulx qui, avec le glaive, se sont injustement élevez pour troubler son estat, violer les loyx et enfreindre la justice, et encore qu'ilz soient les subjects et non poinct vrays ennemys: toutesfois estant rebelles comme ilz sont, que ce sont vrays membres pourriz et corrompeus qu'il est nécessaire retrancher à quelque hazard ou perte que ce soit.

Ce discours sans doute est spécieux et de beau lustre, mais il est captieux et périlleux.

Du péril, nous en avons touché cy-dessus, joinct que la conduite de ce qui est passé devant nos yeulx, dout les plus clairs entendemens sont esblouys, et la corruption manifeste de tous sexes et aages, nous garde d'ignorer ou doubter que ce soient fléaux de Dieu, lesquelz nous esguisons et provoquons, et laisons redoubler en attirant sur nous l'ire de Dieu à cause de nostre impénitence et deureté.

Car qu'est-ce aultre chose de s'attacher à se venger sans regarder à luy, sinon le despiter?

Touchant la caption, elle est toute apparente, et l'adviz proposé totalement respugnant à la justice, à Dieu, autheur d'ycelle, à l'authorité et au debvoir du roy; car tout ainsy que la médecine tend à la guérison, ainsy faict la justice à la gloire de Dieu et à l'amendement des hommes, non pas à la cruauté et au sang, à l'injure et contumélie de la nature, et violement de l'humanité.

Vray est qu'il fault retrancher le membre pourry, mais c'est quand il n'y a plus espérance de guérison; car tant qu'il y a tant soit peu de lumière d'amendement, le médecin seroit meurtrier et bourreau, s'il le coupoit.

Il fault donc en user de mesme aujourd'huy, et avant que de prononcer une sentence de tel poinct, où il s'agit de la vie non d'ung, ny de cent, ny de mille, mais de plusieurs milliers et millions de personnes, tous subjects d'ung mesme roy, et des enfans de la maison, encore qu'ilz soient desbauchez, s'enquérir diligemment et regarder si le mal est incurable pour user des remèdes selon le besoing.

Aultrement ce seroit comme qui enterreroit son enfant vif malade sans essayer les moyens de le guérir.

Il est bien certain que de tous ceulx qui se sont élevez en armes aujourd'huy, pas ung ne tend à secouer le joug de la domination du roy, car ce seroit manifestement contre les principes de leur religion.

Il n'y est ung seul qui ne le recognoisse pour son roy naturel, et soubverain et seul prince : pas ung d'entre eulx ne veult advouer aultre supériorité, pas ung ne révoque en doubte la juste et légitime vocation de sa majesté. Tous sont *fichez* là qu'il luy fault rendre tout honneur, servyce et obéyssance.

Vous me respondrez que leurs actions, toutes contraires, desmentent ces belles paroles, et qu'ilz n'obéyssent pas ainsy qu'il appartient. L'expérience en est manifeste, quand au lieu de recevoir la loy de leur prince, ilz la luy veulent donner.

Pour en parler au vray, ilz sont, ainsy que la pluspart des aultres, empoisonnez de passion qui les meut et agite tout au rebours de leurs premières pensées et intentions, et comme le malade prend goust ordinairement aux choses les plus contraires à sa santé, toutesfois ne laisse de souhaiter sa guérison; aussy la pluspart de ces pauvres genz pensent très bien faire en mal faisant, qui est la cause qui a mis aux champs plusieurs gentilshommes, qui pouvoient vivre heureusement en leurs maisons, et qui a tourné à l'envers les cerveaulx de tant d'hommes d'ailleurs saiges et bien advisez.

Ils sont donc malades de l'esprit? Ouy, certainement; et seroit à mon adviz faire la guerre à la nature et deschirer brutalement l'humanité, que de les violenter et persécuter à feu et à sang, au lieu d'employer les moyens pour la guarir. Chascung sçait que la justice, comme elle, punit ceulx qui font le mal sciemment et de propoz deslibéré : aussy contente-t-elle ceulx qui l'empeschent innocemment, et qui, par infirmité, tresbuchent.

Or, est-il plus que notoire que la craincte les a poussez et précipitez en ce rencontre; car, puisqu'on conteste qu'il nuyt faulte d'entendement, ce seroit sottise de penser qu'ilz eussent osé entreprendre, ny mesme pensé d'empiéter l'estat sans aulcung droict apparent ou couverture.

Après quel propoz y a il que genz de telle estoffe, ayant hazardé et abandonné leurs vies, honneurs, biens, maisons, femmes et enfans dans une frivole promesse ou espoir, ou pour mieulx dire resverie et songes, d'establir par armes ung nouvel estat, avecque moyens et instrumens si fragiles pour exploicter une si grande entreprinse? il n'y a apparence quelconque.

Quoi donc? que vouloient-ilz par leurs armes? Je vous diray, il se pouvoit qu'ilz soyent entrez en imagination du gouvernement. Quoi que ce soit, il est bien certain qu'ilz ont doubté de leur seureté et y ont vouleu pourvoir: à quoy ilz ont tourné toutes leurs pensées et leurs desseins.

De dire qu'ilz n'en ayent eu des occasions bien grandes, ce seroit malicieusement, ou du tout ignoramment discourir, et je n'adresse mon propoz qu'à ceulx qui, ayant practiqué la cour, ont veu et entendeu comme toutes choses se sont passées, depuis ung peu, touchant ce faict, et qui, despouillez de passions, veulent judger selon la vérité.

La craincte donc et l'espoir, qui sont deux cruels tyrans des ames, leur a miz les armes à la main et la nécessité la plus juste et inviolable de toutes les loyx, les y a entreteneuz et entretient encore aujourd'huy ; et puisqu'ilz sont hommes et non pas anges, trouvent-on estrange que comme hommes, au cœur desquelz n'est poinct escripte seulement, mais divinement engravée ceste première loy de nature, de deffendre sa vie et liberté contre l'oppression, se soyent voulcu munir et deffendre contre ceulx qui les vouloient ruyner et opprimer.

C'est la vraye et seule cause de toutes leurs menées, lesquelles, à la vérité, ont esté depuis tournées contre leurs desseins premiers en hostilités, et lesquelles je ne veux pas nier, estant considérées à part, mériter une bonne resprimande et punition ; mais les balançant avecque le salut du royaulme, la conservation de l'estat et repoz du peuple, je dis cestuy-là ne seroit point bon François, mais ennemy de sa patrie et du public, qui (1) dissuader au roy de quitter ceste offense particulière faicte à luy pour la respublicque.

Car tout ainsy qu'ung père ayant deux enfans en discorde ne les faict pas combattre, voulant

____

(1) Le copiste a sans doute omis le mot *voudroit.* Cette partie de phrase, dans le recueil imprimé en 1623, est ainsi conçue : *Qui est-ce qui sera tenou ennemy du public, que le dissuader. . . .*

La construction est moins claire et moins régulière.

perdre celuy qui luy est le moins agréable pour se servir en paix du vainqueur, mais tasche de les resconcilier ensemble, et faire en sorte que ce soient comme deux fermes pilliers de sa vieillesse :

Ainsy le nom du roy, plein d'amour et charité paternelle, ne peult souffrir une si sanglante et félonne obstination d'exterminer une si grande partie de ses subjects, s'il y a moyen de les ramener à leur debvoir et les reconcilier ensemble, puisqu'en cela gist le salut de la respublicque.

Il se fault résoudre, comme feit jadiz le sénat romain du temps de Valérius le dictateur, d'y parvenir et passer par-dessus tous les empeschemens qui s'y pourroient présenter, quittant de la rigueur du droict, ainsy que disoit Lucius Papirius, comme estant le repoz et salut du peuple, la plus soubveraine et esquitable de toutes les loyx, et donnant, au sang et au nom qui nous est commun avecque la respublicque, et à la nécessité, par le conseil d'ung aultre Romain, tout ce que nous ne pouvons retenir sans violer ce nom, ce sang, cet estat de la respublicque.

Le moyen que j'y trouve, c'est de faire cesser au plustost les injures et violences réciproques, leur faire poser à tous les armes, et, par une loy benigne, rappeler les desvoyés à l'obéyssance de leur prince, donnant fin à ceste sanglante et brutale guerre.

Quelle fin ! me direz-vous ; ne sera elle poinct ignominieuse, si le roy entre en capitulation avecque ses subjects ? Là s'arrestent et demeurent fischez la pluspart des hommes de ce temps, les ungs par foiblesse d'esprit, les aultres par malignité.

Mais en effect ce trait si luisant, de si belle apparence, et si proprement doré, est une pure imposture et pestillente invention de l'ennemy des hommes, de tous les genz de bien, et de la vérité : car donner la loy à ses subjects, leur prescrire une forme de vivre, leur imposer peines et supplices s'ilz oultrepassent sa volonté ; les désarmer, lever tribut sur eulx, recevoir d'eulx hommaige, est-ce, à vostre adviz, capituler ? C'est démesler la dispute du droict d'ung chascung par égal respect, et prendre et donner la loy tout ensemble, baillant gaiges ou ostages de chaque costé pour asseurance ; mais quand ung seul reçoit la loy et ung seul la donne, qu'est-ce aultre chose que le fruict de sa victoire ?

Voire, me respliquerez-vous, le roy leur octroye des conditions que, sans les armes, ilz n'eussent poinct obteneues, il est vray. Mais si le roy, en ce faisant, quittoit quelque chose de son droict et authorité, je n'auray que respondre, combien que, pour en parler franchement et à la vérité, ce n'est plus droict s'il empesche le bien public et nuit à l'estat, ainsy que disoit Appius Claudius de l'authorité des tribuns du peuple romain.

Or, veoyons ce que le roy leur donne par les traictés. Leur donne il l'estat ou terres? les allège il d'aulcung tribut de subsides? leur quitte il aulcung debvoir ou charges? Rien de tout cela.

Quoy il leur donne? Il leur donne une liberté de conscience, ou plus tost il leur laisse leur conscience en liberté. Appelez-vous cela capituler?

Est-ce capituler quand ung subject promet, pour toute convention, qu'il recognoistra son prince et demeurera son subject?

Si le roy leur ostoit la liberté qu'ilz luy demandent, ilz seroient ses esclaves, et non pas ses subjects : car la principaulté est sur les hommes libres; donc, en leur accordant ceste liberté, il se constitue vrayement leur prince et protecteur, et eulx se déclarent ses subjects, obligez à maintenir son estat.

Qu'est-ce qui sera si impudent à ceste heure de dire que c'est capituler? Que si l'on veult borner la liberté des hommes, de si estroictes barres que la religion et l'ame ne soient poinct compromises : c'est pervertir malignement le mot et la chose mesme ; car la liberté seule n'est poinct liberté.

La liberté brutale du corps et des actions humaines est vile et indigne de ceste excellente marque, qui est proprement deue à l'esprit et à la plus divine partie d'iceluy, et à la plus excellente de ses actions, à sçavoir, la piété.

On me respliquera soudain que ce n'est pas liberté, mais une licence très pernicieuse. Le conseil du roy, les courts soubveraines de ce royaulme, les aultres estats les plus puissans et saiges de chrestienté, en ont cogneu et judgez tout aultrement ; car ilz ont arresté dès long-temps qu'il estoit très nécessaire de laisser en paix les esprits et consciences des hommes, comme ne pouvant estre ployez par le fer ny par la flamme, mais seulement par la raison qui domine les hommes ; ce qui n'a poinct esté faict sans exemple, mesme du plus grand empereur qu'il y ait esté il y a trois cents ans.

Y eust-il oncques tant d'occasion de permettre ceste liberté, que maintenant l'oster ou retrancher ? Seroit-ce pour captiver et asservyr les hommes ?

La permission d'ycelle aujourd'huy en France, est-ce aultre chose qu'une ratification de ce que, long-temps y a, le roy et son conseil a arresté et ordonné, et qu'il faudroit de nouveau ordonner s'il estoit à faire, comme y allant du salut et considération de l'estat et du repoz de tout le peuple?

C'est ce qui conserve à nostre roy le nom et titre de bon prince, quand il maintiendra les ungs et les aultres dans l'obéyssance de ses édicts et de la foy publicque. L'observation de laquelle est l'appuy et soutennement de son estat; au contraire, je trouve que c'est proprement faire la guerre à son roy et troubler son estat, que d'estorquer sa volonté par malings artifices d'une tant salutaire et saincte réconciliation, avecque menaces mesme de l'abandonner s'il y veult entendre. N'est-ce pas le tyranniser et opprimer? ceulx qui sont de cest adviz, demeurant à couverts et loin des coups, desirent que le roy poursuyve sa plaincte et hasarde plus tost son estat avec la ruyne de tous ses bons subjects, que de n'en avoir pas la raison. En quoy ilz descouvrent le peu d'humanité qu'il y a en eulx, et qu'ilz ont l'esprit troublé et perverty de haine, vengeance et passion, dont par le passé leurs opinions et conseils sanguinaires, vrays pourtraits et imaiges de leurs esprits, ont faict suffisantes preuves, lorsque, pour les avoir suyvis, ce pauvre royaulme a esté réduict à deux doigts près de sa cheute.

Aujourd'huy, qu'ilz les remettent sus plus que jamais, on ne les doibt tenir pour aultres que pour ennemys conjurez de ceste respublicque, puisque tous ceulx qui séparent leur conseil du public, ayant plus de respect à leurs particulières haines qu'au salut du peuple, ont esté judgez tels de long-temps par la sentence de Ahala Servilius (1); et encore qu'ilz y mettent pour lustre l'honneur du roy pour estre escoutez plus favorablement comme bien zélez à la conservation de son authorité, qui voudra toutesfois lever le masque de tels hypocrites, cognoistra qu'ilz en abusent perversement, et imposent à sa majesté sous ces beaulx et spécieux mots d'honneur et de capituler.

Rien n'est plus honorable et magnifique à ung Roy que de donner la loy à ses subjects sans diminution de ses debvoirs; rien n'est plus louable à ung saige prince qui cognoist que les fureurs et dissensions civiles sont la mort des grands estats, d'y appliquer, par sa prudence, le remède convenable, et si dextrement manier les esprits qu'il guérisse leurs playes, et saulve de ruyne, par ce moyen, ses subjects et sa seigneurie.

---

(1) Voyez Tite-Live, liv. IV, an de Rome 315.

Nos roys prédécesseurs de sa majesté ont plus agrandy cest estat par la prudence que par les armes; or, la vraye et naturelle prudence est de céder quelquesfois au temps, et tousjours à la nécessité.

De ceste façon ont esté souvent appaisées les dissensions civiles des Romains, et est souvent advenu que le sénat, quittant quelque chose libéralement au populaire, le rendoit non seulement satisfaict, mais aussy comme vaincu par ce mesme faict non espéré, dont s'ensuyvoit une merveilleuse concorde et obéyssance très prompte du bas peuple.

Au contraire quand ce mesme sénat, délaissant ceste voye et l'exemple et prudence de ses majeurs, se roydit sans rien céder de si saincte gravité à l'endroict de César et depuis d'Anthoine.

Il donna ung exemple et enseignement perpétuel à tous les princes et peuples, que ceulx qui se meslent de manier ung estat doibvent se despouiller de tout regard particulier, et mettre à part toutes haines et malveillances, et donner à la gloire de Dieu et au public leurs querelles et animosités, de peur qu'en s'opiniastrant comme feirent les Romains, ilz ne perdent comme eulx et l'empire et l'estat.

Ceulx donc qui taschent de s'agrandir et venger leur injures aux despends de l'honneur du roy, duquel ilz se couvrent, voulant esteindre avecque le sang du peuple le feu qu'ilz ont eulx mesmes allumé et entretiennent tousjours à la ruyne et désolation de cest estat, ne peuvent estre teneus pour aultres que pour traistres proditeurs de la cause du roy et de la patrie.

Ce sont toutesfois les pilotes de ce grand navire qu'on a choisis, lesquelz combattent contre l'orage et contre le ciel, au lieu que le bon pilote ne s'obstine jamais contre la tempeste, mais baisse les voiles et se tient coy jusqu'à ce qu'il relève ses ancres pour voguer seurement sur les ondes naguères enflées et élevées pour le submerger.

Le saige enfant ne s'endurcit jamais contre le courroux de son père, mais s'humilie et l'appaise, et le bon père le couronne de sa bénédiction et héritaige.

Ainsy fera Dieu envers nostre roy, s'il s'humilie. L'ayant visité d'une main l'élevera de l'aultre plus que jamais, et le couronnera de nouvelles graces et biens non espérez.

Et si quelque boutefeu envenimé veult encore escrimer sur le mot de capitulation et de paix, je maintiens que c'est victoire de demeurer seigneur et de donner la loy à ceulx contre lesquelz on a combatteu, et si ceste victoire non sanglante sera plus utile et profictable à sa majesté pour le profict qui en viendra à son peuple, que mille aultres victoires, ezquelles le roy n'auroit gré ni honneur, mais seulement quelques capitaines et seigneurs, et aultres genz de guerre, qui se feront grands à sa diminution, luy soustrayant sous mains la dévotion de ses affectionnez et fidéles subjects et serviteurs.

Il y a plus, car cela regardera sa majesté d'entrer en ces grandes et infinies obligations, qui est ung demy servaige, et si luy obligera ses subjects de l'ung et de l'aultre party, qui s'encourageront à luy faire servyce à l'envy des ungs et des aultres ; qui est un poinct de conséquence eu égard au temps où nous sommes.

Les grandes victoires et les haults faicts d'armes n'ont point donné à Quintus Fabius le nom de très grand ; mais la resconciliation ingénieuse praticquée de certains estats de la ville : ainsy à bon droict sera le tiltre de très grand donné à nostre roy, s'il pacifie son peuple.

Tiltre véritablement très superbe, et excellent, et auquel Charles Ier (1), dict le Grand, avec toute sa gloire belliqueuse, n'a sceu atteindre.

Aussy est une chose divine de parfaire d'ung

(1) Charlemagne, empereur d'Occident et roi de France.

traict de plume ce que tant de milliers d'hommes ne la perte de leur sang ne peurent mettre à chef (1).

Qui est ce qui envyera à la France son repoz, et au roy ce triomphe tant auguste surpassant en magnificence toutes les victoires de ses prédécesseurs roys ? Sa gloire sera *trop* plus excellente, ainsi que disoit César de Cicéron, d'avoir planté plus loing les bornes de son nom et de sa vertu que de sa domination, le couronnant de ceste rare louange d'avoir esteinct ung grand brandon de sédition dont coustumièrement les aultres estats, quelque grands qu'ilz soyent, sont embrasez et anéantiz.

Finissant donc ceste triste et cruelle guerre, reluyra une très joyeuse et très aimable paix, qu'à bon droict j'appelleray une précieuse et sacrée conqueste, laquelle rendra sa majesté redoutable à toute l'Europe, qui a sceu la grandeur des deux puissances que le roy remettra sous sa main.

Et, comme le peuple Romain disoit sa ville heureuse, invincible et éternelle par la concorde des estats, ainsy dirons-nous d'ung accord que par ceste paix le roy et la France seront heureux,

---

(1) Achever (*Dict. Étymol.* de Ménage. Voy. *Achever* et *Chef*).

invincibles, et honorez d'une éternelle louange.

Voire, mais direz-vous, les chefs et les membres de la conjuration demeurent debout ; et, par ce moyen, vous nourrissez le serpent en vostre sein, et fortifiez vostre ennemy ; dedans les entrailles se respand le torrent qui n'a poinct de source, et incontinent desséche, en détournant de son canal le cours des eaux. Ces chefs, que tant on redoute, n'ont poinct, ou bien peu de sources ; les ruisseaux qui les enflent sont assez vastes, parce que ce n'est pas leur droict et naturel cours : ains par ung accident estrange, ont incliné et pris ce party, à sçavoir pour se garantir de la violence et oppression qu'on leur brassoit.

Ceste craincte et défiance esteinctes, il m'a semblé qu'ilz n'aiment trop mieulx, ou il nous les fault tenir pour insensez ; mais ils nous ont bien appris le contraire despendre de leur roy, estre en sa bonne grace, et le servyr que nul aultre, tant pour l'obligation et debvoir naturel, que pour y veoir plus de moyens pour se maintenir et advancer.

Et si, depuis l'an soixante-deux, on les eust dextrement maniez, la France seroit heureuse ; mais ceulx qui les ont rebutez, piquez et harcelez par mille et mille injustices, malignités et calomnies, en cuydant les affoiblir et esteindre, les ont fortifiez et faict entrer en telle et si extresme desfiance, par pourparlers secrets et trahisons et ligues, qui, choisissant les voyes de désespoir, en ont dressé de leur costé de telles et si grandes, qu'il est malaisé, voire du tout impossible aujourd'huy, d'en venir à bout; car les conseillers de nostre roy, au lieu d'esteindre doulcement le brazier, l'ont si asprement soufflé, que la flamme est preste à les consumer, et déja en a dévoré les principaulx.

Ce sont donc les premiers boutefeux et vrays autheurs de ces misérables troubles, pour ne dire piz : je parle des courts, et de tous les aultres grands qui les ont ainsy rudement traictez et effarouchez, menant le peuple à leur plaisir, et le hallant comme un chien aprés ces pauvres genz, qu'ilz ont attenté, à la fin, à ce qu'ilz n'avoient jamais pensé, et encore qu'ilz ne le deussent faire.

Toutesfois, devant que condamner leurs entreprinses, mettons, je vous prie, la main en nos consciences : y a-il donc esprit si bening et si reposé qui n'en fust, à la fin, effarouché?

De quoy sert le nom de paix publicque, si chascung en son particulier esprouve l'effect et aigreur de la guerre? Comme disoit Virginius, Romain. Certainement il a semblé à ces pauvres genz que ce qu'ilz debvoient craindre, à sçavoir, la mort ou le bannissement, estoit moins dur et plus tolérable que ce qu'ilz souffroient et ont esprouvé.

Doncques, nous debvrions pasmer de confusion que la guerre leur a esté moins pernicieuse que la paix, nostre inimytié que nostre amytié, nos armes que nos langues, et les coups à eulx portez, sous couleur de justice et authorité publicque.

Je sçays bien que cecy sera trouvé aspre, et que je pourrois parler plus doulcement; mais la nécessité m'arrache maugré moy les paroles du cœur, et me faict préférer la rude vérité contre les maximes de la court à la doulce flatterie.

Car c'est piper tout le monde et trahir son prince, céler et desguiser la vérité quand il est question du salut du peuple et de la manutention de l'estat de son roy.

L'expérience, maistresse des loyx, nous avoit donné ung bel enseignement pour nous porter doulcement envers eulx; mais nous l'avons priz à contrepoil : et ne fault poinct demander quelles faultes nous avons faictes en matières d'estat; mais quelles sont celles que nous n'avons poinct faictes, car nous les avons faictes toutes.

Le seul moyen qui nous reste aujourd'huy de rompre leurs intelligences, c'est de leur oster la

nécessité d'y entendre, en interrompant premièrement les nostres, qui ne tendent qu'à nostre
ruyne en les ruynant; les traicter comme amys,
et subjectz justiciables, membres, avec nous,
de la respublicque, et partye du corps dont le
roy est le chef.

Car, examinant les choses de prez, on trouvera qu'ilz ont esté cy-devant traictez en rebelles,
ce qui leur a faict chercher des moyens extraor-
dinaires, et remuer toutes pierres pour se conserver; et je ne sçays s'il y a homme si sainct
et parfaict au monde qui n'en fist autant, estant la deffense et conservation de soy une loy
inviolable de nature plus forte que toutes les
aultres loyx.

C'est ce qui leur a mis les armes ez mains,
et qui a engendré ces horribles dégasts et dif-
formités; car les mesures qu'on bastissoit contre
eulx de toutes parts estoient si peu finement et
secrètement conduictes, la défaveur tant évidente, le desdaing si apparent, les menaces de la
rupture de l'édict, la publication du concile,
les mots avec les Espagnols, pour les ruyner
sont si divulguez, l'injustice, en ung mot, tant
manifeste, qu'ilz eussent bien mérité le traicte-
ment qu'on leur apprestoit, s'ilz n'eussent évité
la feste.

Les bestes brutes sentent venir l'orage et cher-

chent des cachettes; ne trouvons poinct estrange
si les hommes le font. Nos menaces ont esté
messagères de nos complots, ainsy que l'éclair
du tonnerre. Nous leur avons faict veoir et tou-
cher nos apprests. Cessons donc de nous esbahir
s'ilz ont eu ung pied en l'air et l'œil en la campaigne.

Je ne veulx pas pour tout cela les excuser;
mais il n'y a homme de judgement qui ne les
judge plutost dignes de pitié que de peines.

Au surplus, quand ilz verront qu'il n'y aura
plus qu'à tout craindre pour eulx, ne doubtons
qu'ilz ne s'alentissent et destournent, et s'appli-
quent du tout à leurs affaires domesticques.

Ilz ne seroient pas François, aultrement; et
fault bien croire que, par une extresme et ur-
gente nécessité, ilz les avoient abandonnez,
puisque le sentiment a vaincu le naturel; c'est
le vray remède de ceste maladie civile, qui s'ai-
grit et enflamme par les commungz remèdes
des aultres maulx. Ainsy que disoit Camille, et
qui est à bon droict comparée à ung desbord et
ravine d'eaux, qu'il fault laisser doulcement
écouler, sans s'opposer à l'encontre.

Il y a en chascung pays certains esprits tur-
bulens qui sont les allumettes des remuemens
et nouvelletez, lesquels, peu à peu, il fauldroit
écarter des lieux où ilz ont teneu cognoissances

et praticques. Aux aultres ne fault monstrer aulcung signe de défiance : car ce n'est aultre chose que les rendre nos ennemys, maugré qu'ilz en ayent.

Cestuy est ennemy qui nous tient pour ennemy : cela est si naturel, que nous veoyons les esclaves mesmes conjurer contre leurs maistres s'ilz apperçoivent en eulx quelque méfiance de fidélité.

Surtout il est nécessaire de faire faire punition rigoureuse et exemplaire des transgresseurs des edictz, et de ne les rendre plus contemptibles (méprisables), à faulte d'exiger sévèrement l'observation d'iceulx, sans distinction de personnes.

Ainsy, de là la paix heureusement entreteneue ; la procuration et observation de laquelle est le propre et office d'un roy. A ce but tend le rétablissement des estatz et seigneuries de ce monde ; à sçavoir, à la finition de la paix, dont la doulceur et le desir ordonne commencement aux roys et aux loyx, et a faict cognoistre au plus fort le plus foible, et assubjectir volontairement les ungz aux aultres.

Partant, le vray et naturel office d'ung bon roy est de s'en déclarer protecteur, tuteur et gardien, et de la faire tenir et observer inviolablement, quand Dieu luy aura donné, faisant punir rigoureusement les contrevenaus et infracteurs d'ycelle.

Le roy Numa Pompilius, maugré tant de siècles, est encore aujourd'huy en honneur pour avoir esté aussy soigneux de la paix que de son estat et de sa vie. Telle charité qui a reluy en ung roy payen est bien plus digne d'ung sceptre françois portant le nom et tiltre d'ung roy très chrestien.

Le prince qui abhorre la paix, et qui se paist du sang principalement de ses subjectz qui sont ses membres, perd à bon droict ce nom tant beau, et pour l'aultre, tant abominable, qui est de tyran, c'est-à-dire, d'ung ennemy du genre humain et de la nature.

L'affection du prince a esté de tous temps comparée à la paternelle : le père cruel envers ses enfans est ung monstre dénaturé et exécrable, s'efforçant de despiter le vray et commun père des hommes et de la nature.

Arrière donc ces pestes qui, d'ung cœur félon et sanguinaire, pour assouvir leur vengeance particulière, taschent de corrompre ce que Dieu détourne à la naïfve et naturelle bonté, clémence et bénignité de nostre prince, de la royne sa mère, de messeigneurs ses enfans, qui les veulent faire dégénérer de l'ancienne, tant célèbre et plus chrestienne qu'humaine débonnaireté de

leurs majeurs roys de France envers leurs subjectz, qui est le seul bien qui a si long-temps en-
treteneu ceste seule couronne, reconneue et
servye d'ung cœur franc en fidélité françoise, et
non par tyrannie, effusion de sang, cruaultés.

Telles genz sont de mauvais augure à ceste
couronne, et semble vouloir advancer, selon
leurs prédictions mesmes, le destin d'ycelle;
c'est-à-dire, le judgement de Dieu sur ceste
noble maison de France, humiliant les choses
élevées, et anéantissant les entendemens des
hommes.

Pour y obvier, n'y a aultre moyen, sinon
que le roy use de clémence envers son peuple,
afin qu'il éprouve celle de Dieu; qu'il ne tienne
poinct son cœur, et Dieu ouvrira le sien; qu'il
donne au public son offense, et il le recognoistra avecque usure, luy faisant hommaige perpétuel et fidèle de son repoz et félicité. Que
le roy oublie et quitte tout mal talenz envers
ses subjectz, et ilz acquitteront eulx-mêmes
pour l'honorer et servyr à jamais de tout leur
pouvoir.

N. B. On lit, à la suite du manuscrit, cette
note page 207 :
Ce discours, qui est de messire Michel de

l'Hospital, chancelier de France, encore qu'il y en ayt qui l'attribue à Montcal, mais faulsement, a esté imprimé avec aultres mémoires ; mais changé en beaucoup de choses de son vray original, duquel, mot à mot, a esté fidèlement transcript. Cestuy-cy ayant esté donné par ung à qui le chancelier l'avoit baillé escript de sa propre main.

(*Manusc. de la Bibl. du Roi*, N° 8677, Dépôt de Mesmes.)

Il s'agit sans doute, dans cette note, du recueil publié chez Pierre Chevalier, devenu d'ailleurs extrêmement rare ; il suffit de le comparer, pour être convaincu de la justesse de cette observation. S'il y a souvent identité dans les pensées, on ne retrouve plus, dans l'ensemble ni dans les détails, la même pureté, la même clarté d'expressions.

Ces variantes, qui sont plus ou moins nombreuses, se font remarquer dans presque tous les écrits politiques imprimés à cette époque, et dans les diverses copies manuscrites de ceux qui sont encore inédits. L'original de ce mémoire n'existe plus. L'inutilité de mes longues et laborieuses recherches, le silence des annalistes du temps, donnent la triste certitude que, s'il a été long-temps conservé dans la famille de l'Hospital, il a péri, avec les autres originaux ; tous les manuscrits du chancelier ayant été pris au château de Princé et brûlés avec les autres papiers de cette famille , au district de Baugé, pendant les guerres de la Vendée (1).

La seconde version n'est publiée dans cette édition que comme une variante.

---

(1) M le lieutenant-général comte de Lauberdière, héritier de M. de Princé, fils de Marie-Anne-Henriette Hurault de l'Hospital, qui fut le dernier descendant de cette famille, a eu, à notre sollicitation, la bonté de prendre des renseignemens et de faire des recherches qui n'ont amené que la certitude de la destruction des manuscrits de l'Hospital.

DISCOURS

DES RAISONS ET PERSUASIONS DE LA PAIX
EN L'AN 1568 (1).

LE but (2) de la guerre c'est la paix, laquelle s'acquiert ou par composition, ou par pleine et entière victoire. La voix de composition semble mal séante pour la deffiance réciproque, pour les mutuelles haines et injures, et pour la subsistance de deux religions diverses et de certai-

---

(1) Le manuscrit qui a été suivi pour le texte qui précède fixe la publication de ce mémoire à 1570. Ce fut à la même époque que Morvilliers, successeur immédiat de l'Hospital dans la dignité de chancelier, remit les sceaux à René de Birague, qui organisa le vaste massacre de la Saint-Barthélemy, fit donner de grandes places à ses fils, embrassa ensuite l'état ecclésiastique, et obtint le chapeau de cardinal.

(2) On lit dans le même manuscrit le *vin*. Cette erreur évidente appartient au copiste; elle n'existe pas dans l'imprimé de 1623, que je transcris ici sans nul changement. On s'apercevra aisément que, dans le texte, on n'a point suivi exactement l'orthographe de Michel l'Hospital. J'ai cru devoir ne point la rétablir, afin que l'on puisse mieux apprécier les deux textes.